Clara Lidström
und
Annakarin Nyberg

LASS UNS WAS BACKEN

Schritt für Schritt

Mit Illustrationen von Katy Kimbell & Li Söderberg
Übersetzt von Wiebke Ankersen

Lass uns was backen: Schritt für Schritt

von Clara Lidström und Annakarin Nyberg
Übersetzung aus dem Schwedischen von Wiebke Ankersen
Illustrationen von Katy Kimbell und Li Söderberg
Veröffentlicht von Kleine Gestalten, Berlin 2015
ISBN: 978-3-89955-750-3

Schriften: Consolas von Lucas de Groot; Mirabelle von Jessica
McCarty; Core Circus von Hyun-Seung Lee, Dae-Hoon Hahm
und Min-Joo Ham

Druck: Livonia Print, Riga. Hergestellt in Europa.

Die schwedische Originalausgabe erschien unter dem Titel *Baka*
bei Rabén & Sjögren, Schweden 2014. © Clara Lidström und Annakarin
Nyberg. © für die deutsche Ausgabe: Kleine Gestalten, erschienen
bei Die Gestalten Verlag GmbH & Co. KG, Berlin 2015

Bibliografische Information der Deutschen Nationalbibliothek:
Die Deutsche Nationalbibliothek verzeichnet diese Publikation in
der Deutschen Nationalbibliografie; detaillierte bibliografische
Daten sind im Internet über http://dnb.d-nb.de abrufbar.

Dieses Buch wurde auf FSC®-zertifiziertem Papier gedruckt.

MIX
Paper from
responsible sources
FSC® C002795

Inhalt

Tipps und noch mehr...............9

Himbeerschaum................10

Cheesecake im Glas.............14

Schokoladenbällchen...........18

Schnelle Knusperkekse..........23

Karamellkekse.................26

Mürbeteigkekse...............31

Blaubeermuffins...............34

Tassenkuchen.................39

Kalter Hund..................42

Johannisbeer-Crumble..........47

Nachwort für Erwachsene.........53

Tipps und noch mehr

Wenn du gerne bäckst und in der Küche aktiv bist, ist das hier ein Buch für dich. Es ist kein Buch für Erwachsene. Die sollen sich sogar fernhalten, soweit es geht! Bis du ein Blech in den heißen Ofen schiebst, den Mixer oder den Herd benutzt oder etwas anderes tust, bei dem man ihre Hilfe einfach gut gebrauchen kann.

Und so geht's:

1) Such dir ein Rezept aus.

2) Lies das Rezept durch und stell die Zutaten bereit, die du dafür brauchst.

3) Lege dir auch die Geräte und Gefäße bereit, die du brauchst: Rührschüsseln, Kellen, Waage, Esslöffel und Teelöffel zum Beispiel.

4) Binde dir eine Schürze um und wasch dir die Hände.

Sind die Erwachsenen aus der Küche raus? Gut, dann lass uns loslegen!

HIMBEERSCHAUM

Wir haben Himbeeren für unseren Schaum genommen.
Du kannst es auch mit Erdbeeren, Blaubeeren oder etwas anderem,
das dir schmeckt, probieren.

DAS BRAUCHST DU:

Beeren

Limette

1 Limette

60 Gramm Beeren
(frisch oder
tiefgefroren)

90 Gramm Quark

1 Eiweiß

3 Esslöffel Zucker

Beeren zur
Dekoration

60 Gramm Beeren
(frisch oder
tiefgefroren)
zur Dekoration

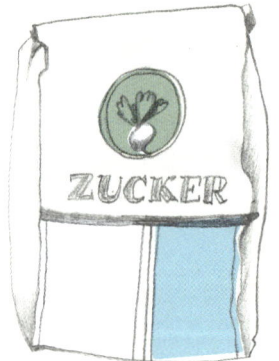

ZUCKER

Zucker

Eier

QUARK

Quark

Limette schmeckt
nicht nur - sie mildert
auch den Juckreiz, wenn man
von einer Mücke gestochen
worden ist. Du musst nur
ein wenig Limettensaft
auf den Mückenstich
streichen!

Lecker

SO GEHT'S:

1 Spüle die Limette mit Wasser ab und reibe sie mit Haushaltspapier oder einem sauberen Küchenhandtuch trocken.

2 Reibe ein Viertel der Schale ab (nimm die Seite mit den kleinsten Löchern auf der Reibe). Das sieht vielleicht ziemlich wenig aus, gibt aber viel Geschmack. Nimm nicht zu viel!

90 Gramm

3 Verrühre die Limettenschale, die Beeren und den Quark in einer Schüssel.

1 Ei

4 Bitte einen Erwachsenen, dir dabei zu helfen, Eiweiß und Eigelb zu trennen.

5 Bitte auch jemanden, dir mit dem Mixer zu helfen. Schlage das Eiweiß in einer Schüssel ungefähr 3 Minuten lang bei höchster Geschwindigkeit. Es soll ganz weiß und schaumig werden.

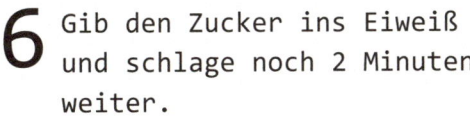

3 Esslöffel

6 Gib den Zucker ins Eiweiß und schlage noch 2 Minuten weiter.

7 Verrühre die Zucker-Eischneemischung in der Schüssel mit den Beeren und dem Quark. Vermische alles gründlich.

Wenn du die Gläser ins Gefrierfach stellst, wird der Schaum wie Eis! Aber denk daran, dass du Gläser nimmst, die das aushalten. Die allerschönsten Festtagsgläser solltest du zum Beispiel nicht ins Gefrierfach stellen.

8 Verteile den Schaum auf vier Gläser und lege einige Beeren oben drauf. Lass den Himbeerschaum eine Stunde im Kühlschrank stehen, bevor du ihn probierst!

CHEESECAKE IM GLAS

Diesen Nachtisch kann man sofort essen. Du kannst ihn auch vor dem Essen ein paar Stunden in den Kühlschrank stellen – wir finden, dass er dann am besten schmeckt!

4 Portionen

DAS BRAUCHST DU:

200 Milliliter Schlagsahne

200 Gramm Frischkäse

60 Gramm Zucker

120 Gramm frische oder tiefgefrorene Beeren, zum Beispiel Erdbeeren, Himbeeren oder Brombeeren

5-6 Vollkornkekse

Wenn du willst: frische oder tiefgefrorene Beeren zur Dekoration

Sahne

Frischkäse

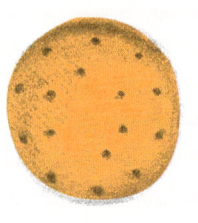

Beeren zur Dekoration

Erdbeeren

Zucker

Vollkornkekse

Wusstest du, dass es schwerer ist, einen Geschmack ohne den Geruchssinn zu erkennen? Bitte einen Freund oder eine Freundin, die Augen zu schließen und sich die Nase zuzuhalten. Gib ihm oder ihr Apfelstückchen und rohe Kartoffelstückchen zu essen. Ist es leicht, den Unterschied zu schmecken?

SO GEHT'S:

200 Milliliter

200 Gramm

ZUCKER

60 Gramm

1 Bitte einen Erwachsenen, dir mit dem Mixer zu helfen. Schlage die Sahne in einer Schüssel, bis sie steif ist.

2 Verrühre den Frischkäse und den Zucker in einer anderen Schüssel.

3 Rühre die geschlagene Sahne in die Frischkäse-Zucker-Mischung. Vermische alles gründlich, bis die Masse glatt ist.

120 Gramm

4 Lass die Beeren, wenn sie gefroren sind, auf-
tauen, bis sie weich sind. Zerdrücke sie mit
einer Gabel in einer Schüssel und rühre das
Beerenmus unter die Frischkäsemasse. Nimm
etwas von der Masse auf einen Teelöffel und
probiere es – köstlich, oder?

5-6 Stück

5 Zerbrösele die Vollkornkekse mit den Händen.

6 Nimm vier Gläser. Füll in jedes Glas
eine Schicht Kekskrümel und danach eine
Schicht Frischkäsemasse. Danach kommt
wieder eine Schicht Kekskrümel und zum
Schluss so viel von der Frischkäsemasse, bis das Glas voll ist. Wenn du
willst, kannst du noch zur Dekoration
ein paar Beeren ganz oben drauf legen.

SCHOKOLADENBÄLLCHEN

Die Butter muss weich sein, wenn du diese Bällchen machst, also holst du sie zuerst aus dem Kühlschrank. Dann kann man später gut mit ihr arbeiten. Kaffee braucht man nicht unbedingt, aber wir finden, dass es mit Kaffee richtig lecker wird! Bitte einen Erwachsenen um etwas kalten Kaffee.

Etwa 30 Bällchen

Kakao

DAS BRAUCHST DU:

Vanillezucker

100 Gramm weiche Butter

100 Gramm Zucker

130 Gramm zarte Haferflocken

1 Teelöffel Vanillezucker

3 Esslöffel Kakao

2 Esslöffel kalter Kaffee

Kokosflocken, Hagelzucker oder Zuckerstreusel

Haferflocken

Kaffee

Zucker

Streusel

Butter

Wusstest du, dass
du bunte Zuckerstreusel
auch selbst machen kannst?
Du musst dafür nur Lebens-
mittelfarbe und Zucker
in einer Schüssel
verrühren.

SO GEHT'S:

100 Gramm

ZUCKER

100 Gramm

130 Gramm

HAVRE GRYN

1 Schneide die Butter in kleine Stücke und gib sie in eine Schüssel. Vermische sie dann mit dem Zucker und den Haferflocken.

1 Teelöffel

KAKAO

3 Esslöffel

2 Esslöffel

2 Gib Vanillezucker und Kakao dazu.

3 Gib auch den Kaffee dazu.

4 Verknete alles zu einem Teig.

5 Forme den Teig zu kleinen Bällchen.

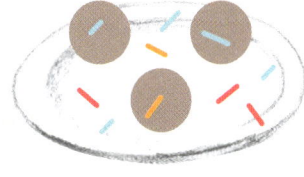

6 Gib Kokosflocken, Hagelzucker oder Streusel auf eine Untertasse und wälze die Bällchen darin.

Wusstest du, dass Kakaobäume bis zu 10 Meter hoch werden können und dass die Früchte des Baumes mit Bohnen gefüllt sind, die man für die Schokoladenherstellung verwendet?

SCHNELLE KNUSPERKEKSE

Wenn du diese köstlichen Kekse machst,
brauchst du den Herd. Denk daran, dass du immer
einen Erwachsenen um Hilfe bittest,
wenn es soweit ist!

15 Kekse

DAS BRAUCHST DU:

Cornflakes

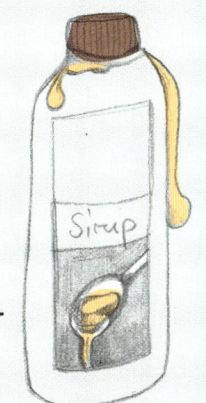

Sirup

100 Gramm Butter

80 Gramm Zucker

4 Esslöffel heller Sirup,
zum Beispiel Ahornsirup

2 Esslöffel Kakaopulver

150 - 200 Gramm Cornflakes

Muffinförmchen

Butter

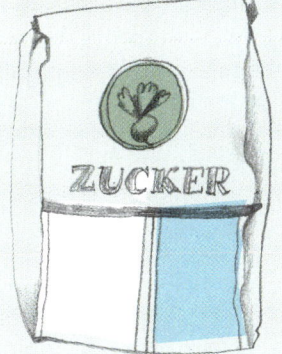

Kakao

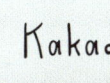

Zucker

SO GEHT'S:

100 Gramm

1 Bitte einen Erwachsenen, dir dabei zu helfen, die Butter in einem Topf auf dem Herd flüssig werden zu lassen.

ZUCKER

KAKAO

150 - 200 Gramm

2 Esslöffel

80 Gramm

Sirup

4 Esslöffel

2 Gib Zucker, Sirup und Kakao zu der Butter im Topf und lass die Mischung vorsichtig einige Minuten köcheln.

3 Nimm den Topf vom Herd und rühre die Cornflakes hinein.

24

4 Nimm ein Backblech und stelle die Muffinförmchen darauf.
Gib vorsichtig etwas von der Masse in jedes Förmchen.
Wenn du keine Förmchen hast, kannst du die Klekse auch
direkt auf einem Bogen Backpapier verteilen.

Fallen die Muffinförmchen
um, wenn du den Teig
hineingibst? Fette das
Backblech ein und sie
bleiben kleben.

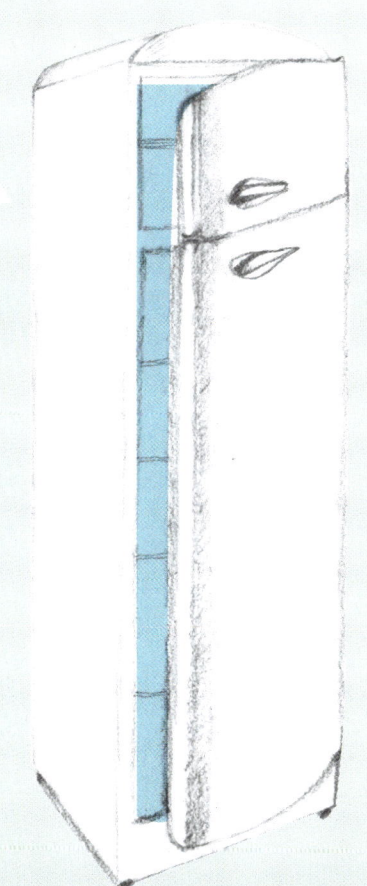

5 Stell die Kekse in den Kühlschrank
oder das Gefrierfach und lass sie
dort 30 Minuten abkühlen.

KARAMELLKEKSE

Karamellkekse sind lecker, so, wie sie sind.
Man kann sie aber auch gut zu Eis servieren,
wie wir es auf dem Bild gemacht haben.
Mmmmh, köstlich!

DAS BRAUCHST DU:

Etwa
30 Kekse

Backpulver

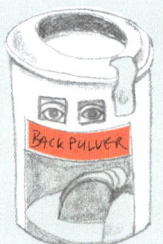

100 Gramm Butter

80 Gramm Zucker

160 Gramm Weizenmehl

1 Esslöffel Vanillezucker

1 Teelöffel Backpulver

1 Esslöffel heller Sirup,
zum Beispiel Ahornsirup

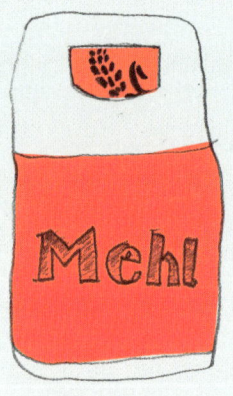

Weizenmehl

Sirup

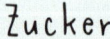

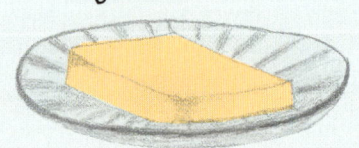

Zucker

Vanillezucker

Butter

26

Wusstest du, dass ein Mensch in seinem Leben ungefähr 70 Tonnen Essen verdrückt? Soviel wiegen 14 Elefanten!

SO GEHT'S:

100 Gramm

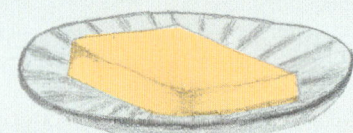

80 Gramm

1 Nimm zuerst die Butter aus dem Kühlschrank, damit sie schön weich wird. Bitte einen Erwachsenen, den Ofen auf 175°C vorzuheizen.

2 Gib die Butter und den Zucker in eine Schüssel. Verrühre sie zu einer gleichmäßigen Masse.

160 Gramm

1 Teelöffel

1 Esslöffel

3 Vermische Mehl, Vanillezucker und Backpulver in einer anderen Schüssel.

4 Gib diese Mischung zu der Butter-Zucker-Masse.

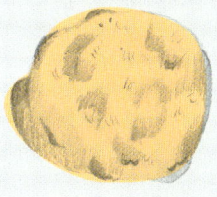

5 Gib den Sirup dazu.

6 Verknete schnell alles zu einem Teig.

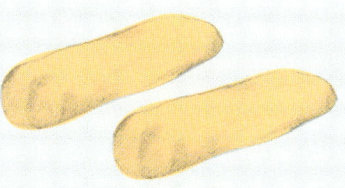

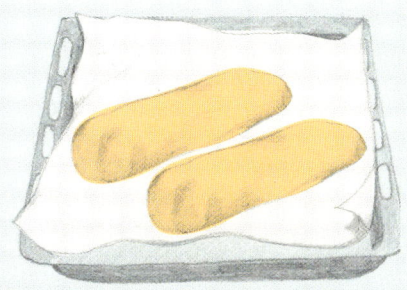

7 Teile den Teig in zwei Teile und forme sie zu Rollen. Sie sollten ungefähr 2 Zentimeter dick sein.

8 Lege die Rollen auf ein Blech mit Backpapier. Bitte einen Erwachsenen um Hilfe und schiebe das Blech auf mittlerer Höhe in den Ofen. Lass sie 10-12 Minuten backen.

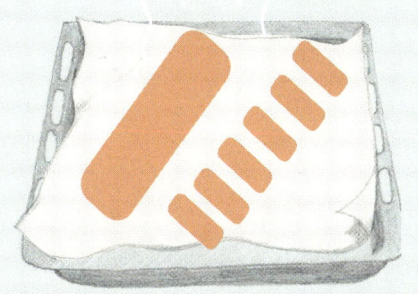

9 Bitte einen Erwachsenen, das Blech aus dem Ofen zu holen. Schneide Kekse aus den Teigrollen, solange sie noch warm sind. Lass die Kekse auf dem Blech abkühlen.

MÜRBETEIGKEKSE

Auf dem Bild siehst du Beispiele für drei verschiedene Kekse. Sie sehen unterschiedlich aus, sind aber alle aus demselben Teig gemacht, der Mürbeteig heißt. Welche Sorte willst du backen? Vielleicht kannst du sogar eine eigene Sorte erfinden?

DAS BRAUCHST DU:

Etwa 30 Kekse

Zucker

300 Gramm Weizenmehl

80 Gramm Zucker

200 Gramm weiche Butter

Marmelade, zum Beispiel Himbeermarmelade

gehackte Mandeln

Himbeermarmelade

Mandeln

Weizenmehl

Butter

SO GEHT'S:

300 Gramm

ZUCKER

Mehl

80 Gramm

200 Gramm

1 Gib Mehl und Zucker in eine Schüssel.

2 Schneide die Butter in kleine Stücke, gib sie dazu und verknete alles zu einem Teig.

3 Mach zwei Rollen aus dem Teig. Sie sollten ungefähr 3 Zentimeter dick sein.

4 Lege die Rollen für 30 Minuten in einer Plastiktüte in den Kühlschrank.

5 Bitte einen Erwachsenen,
dir zu helfen, den Ofen auf
175°C vorzuheizen.

6 Nimm die Rollen aus dem
Kühlschrank und schneide sie in
Scheiben. Such dir aus, welche
Kekse du machen willst.

Mit Marmelade:
Bohre mit dem Daumen kleine Mulden
in die Kekse und fülle sie mit
Marmelade.

Mit Mandeln:
Drück die Kekse in die gehackten
Mandeln, so dass die Mandeln haf-
ten bleiben.

Mit Streifen:
Drück mit einer Gabel Streifen auf
die Kekse.

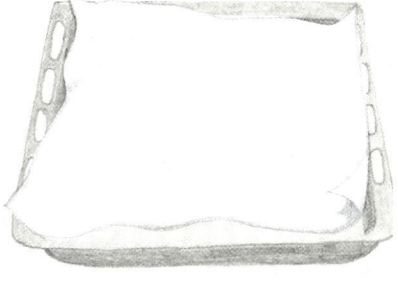

7 Nimm ein Backblech und
lege Backpapier darauf.

8 Lege die Kekse auf das Backpapier
und backe sie auf der mittleren
Schiene des Ofens ungefähr
10 Minuten lang. Bitte dabei
einen Erwachsenen um Hilfe!

BLAUBEERMUFFINS

Versuch es auch mit anderen Beerensorten!
Denk nur daran, dass große Beeren wie Erdbeeren zunächst
in kleinere Stückchen geschnitten
werden müssen.

Etwa
8–10 Muffins

Blaubeeren

DAS BRAUCHST DU:

Eier

2 Eier

120 Gramm Zucker

1 Teelöffel Vanillezucker

100 Gramm Butter

200 Millimeter Milch

250 Gramm Weizenmehl

2 Teelöffel Backpulver

1 Prise Salz

120 Gramm Blaubeeren
(frisch oder gefroren)

Vanillezucker

Salz

ZUCKER

Zucker

Milch

Weizenmehl

Butter

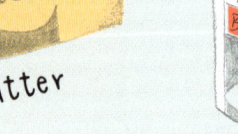

BACKPULVER

Backpulver

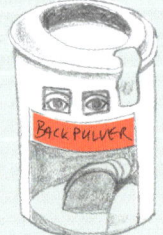

Bekomme Adleraugen
durch Blaubeeren!
Man sagt, dass sie sich
positiv auf die Sehkraft
auswirken.

SO GEHT'S:

2 Eier

1 Teelöffel

120 Gramm

1 Bitte einen Erwachsenen, dir zu helfen, den Ofen auf 175°C vorzuheizen.

2 Schlage die Eier in eine Schüssel. Gib Zucker und Vanillezucker hinzu.

100 Gramm

3 Bitte jemanden um Hilfe mit dem Mixer. Verrühre Eier und Zucker 2 Minuten lang auf höchster Stufe.

4 Lass die Butter in einem Topf auf dem Herd flüssig werden. Bitte dazu einen Erwachsenen um Hilfe.

200 Milliliter

5 Füge unter Rühren die Milch und die geschmolzene Butter dazu.

36

2 Teelöffel

250 Gramm

7 Rühre diese Mehlmischung unter den Teig.

6 Vermische Mehl, Backpulver und Salz in einer kleinen Schale.

9 Drück mit einem Esslöffel einige Blaubeeren in jeden Muffin.

8 Stelle Muffinförmchen aus Papier auf ein Blech. Nimm am besten ein Muffinblech, dann fallen die Förmchen nicht um. Fülle sie etwa bis zur Hälfte.

11 Bitte jemanden um Hilfe, das Blech aus dem Ofen zu holen. Lass deine Muffins abkühlen, bevor du sie probierst!

10 Bitte einen Erwachsenen, das Blech in die Mitte des Ofens zu schieben. Lass die Muffins etwa 12-15 Minuten backen.

TASSENKUCHEN

Das hier ist ein supereinfaches Rezept! Du musst nur eine Mikrowelle zur Verfügung haben. Wenn du willst, kannst du das Ganze mit Beeren dekorieren. Und warum nicht mal eine andere Schokolade als Milchschokolade nehmen?

DAS BRAUCHST DU:

1 Portion

Milch

25 Gramm Butter

4 Esslöffel Weizenmehl

1 Prise Backpulver

4 Esslöffel Zucker

2 Esslöffel Kakaopulver

1 Ei

3 Esslöffel Milch

2 Stücke von einer Schokoladensorte, die du gerne magst

Weizenmehl

Zucker

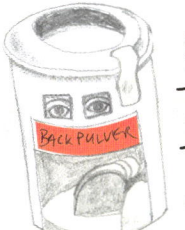

Backpulver

Schokolade

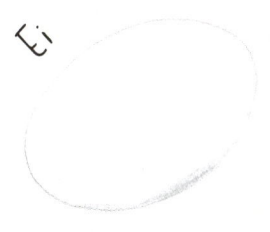

Ei

Kakao

Butter

SO GEHT'S:

25 Gramm

Willst du Dekorationen aus Schokolade herstellen? Schmelze Schokolade in einem Topf, verteile sie in Mustern auf einem Backpapier und lasse sie im Kühlschrank hart werden.

1 Nimm eine große Tasse. Gib die Butter in die Tasse und lass sie vorsichtig in der Mikrowelle flüssig werden. Bitte einen Erwachsenen, dir dabei zu helfen.

2 Esslöffel

4 Esslöffel

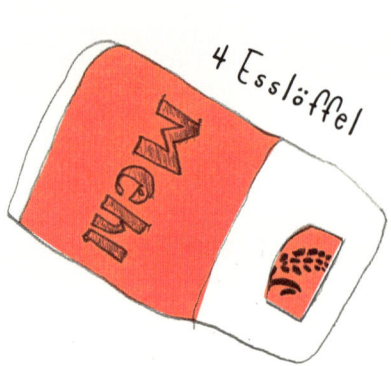

2 Vermische Mehl, Backpulver, Zucker und Kakao in der Tasse.

4 Esslöffel

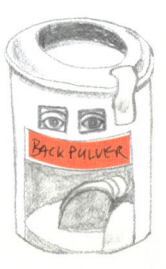

1 Ei

3 Esslöffel

3 Gib Eier und Milch dazu.
Vermische alles gründlich,
bis du einen Teig ohne
Klumpen hast.

4 Gib die Schokoladenstückchen
dazu und stell die Tasse in
die Mikrowelle.

Wusstest du,
dass braune Hühner braune Eier
legen und weiße Hühner weiße?
Strauße legen auch Eier.
Ihre Eier sind so groß,
dass sie so viel wiegen
wie zwei volle
Milchtüten!

5 Stell die Mikrowelle auf die
höchste Stufe und lass den
Kuchen 2 ½ Minuten backen. Bitte
einen Erwachsenen um Hilfe!

KALTER HUND

Wusstest du, dass der Kalte Hund in Schweden Radiokuchen heißt und dort schon seit 100 Jahren zubereitet wird? Damals war das Radio eine neue Erfindung und man fand, dass dieser Kuchen sich gut zum Essen eignete, während man Radio hörte. Warum? Na, weil man ihn essen kann, ohne dass die Kekse beim Kauen Geräusche machen.

Etwa 8-10 Stück

DAS BRAUCHST DU:

Eier

250 Gramm Kokosfett

7 Esslöffel Puderzucker

2 Eier

3-4 Esslöffel Kakao

1 Esslöffel Vanillezucker

1 Paket Butterkekse

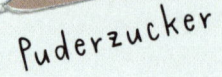
Puderzucker

Vanillezucker

Kokosfett

Kakao

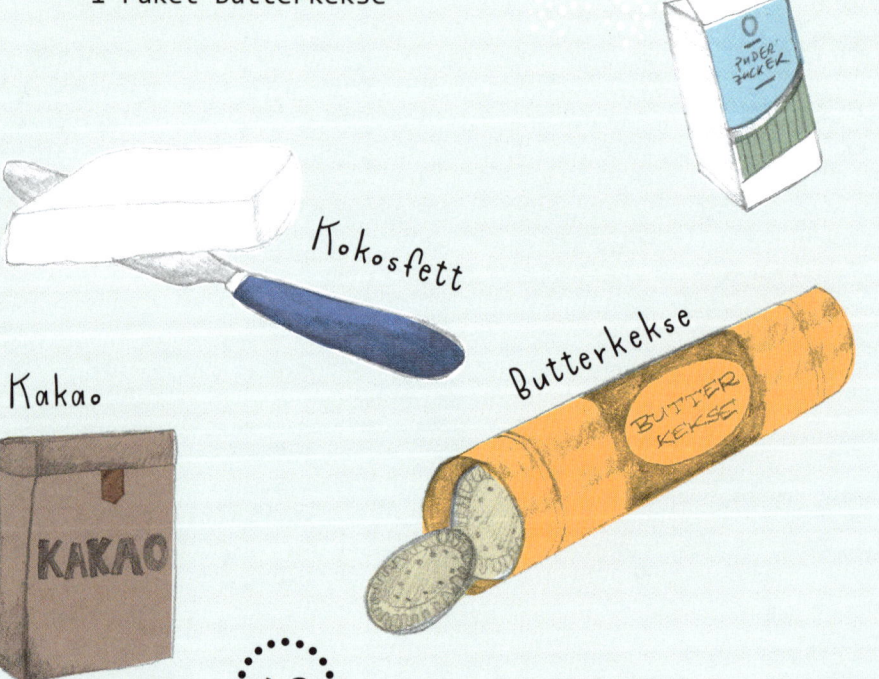
Butterkekse

42

Der Kuchen auf dem Bild
wurde in einer runden Form
gemacht. Man kann ebenso gut
eine eckige Form benutzen,
es müssen nur 1 ¼ Liter
hineinpassen.

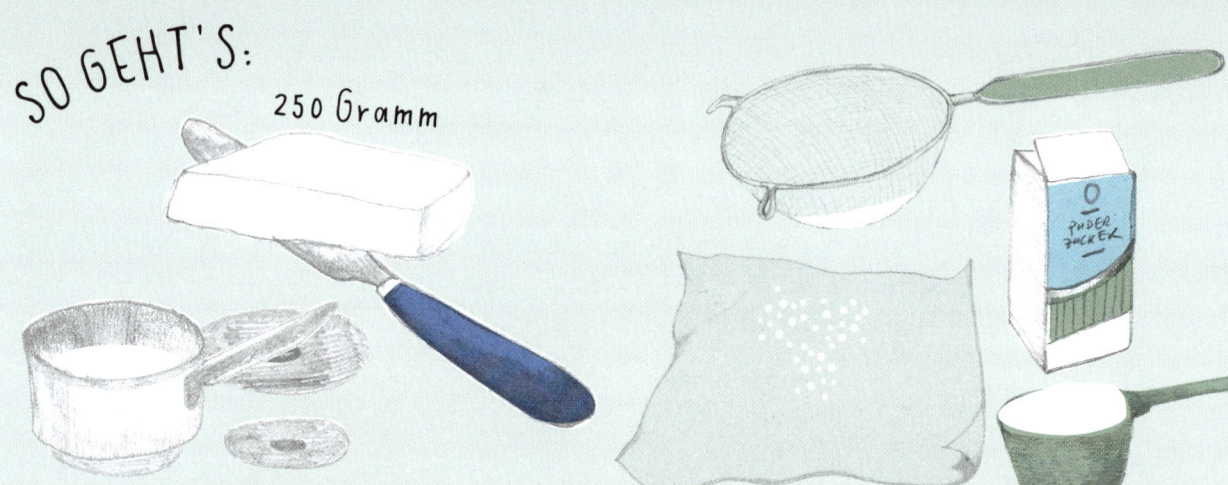

250 Gramm

7 Esslöffel

1 Bitte einen Erwachsenen, dir zu helfen, das Kokosfett in einem Topf auf dem Herd zu schmelzen. Lass das Fett abkühlen.

2 Lege einen Bogen Backpapier auf die Arbeitsfläche. Nimm ein feines Sieb (frage einen Erwachsenen) und siebe den Puderzucker auf das Papier.

2 Eier

3 Schlage die Eier in eine Schüssel und gib den Puderzucker dazu.

4 Bitte einen Erwachsenen, dir mit dem Mixer zu helfen. Verrühre Eier und Zucker 2-3 Minuten lang bei hoher Geschwindigkeit. Die Masse sollte schaumig sein.

1 Esslöffel

3-4 Esslöffel

5 Gib Kakao und Vanillezucker hinzu und verrühre alles zu einer glatten Masse.

6 Wenn das Kokosfett abgekühlt ist, kannst du es dazugeben und rühren, bis wieder eine glatte Masse entstanden ist.

7 Lege eine Form mit Backpapier aus und gib eine Schicht von der Masse in die Form. Gib dann immer abwechselnd eine Schicht Keks und eine Schicht von der Masse in die Form. Die oberste Schicht ist Schokoladenmasse.

8 Lass den Kuchen etwa 2 Stunden im Gefrierfach stehen, damit er hart wird.

JOHANNISBEER-CRUMBLE

Dieser Johannisbeer-Crumble ist ein sogenannter
Krümelkuchen. Er kann mit allem Möglichen gefüllt sein,
zum Beispiel mit Äpfeln, Rhabarber, Erdbeeren oder
Blaubeeren. Was willst du in deinem Crumble haben?

DAS BRAUCHST DU:

8-10 Stück

Backpulver

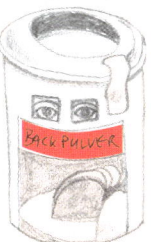

100 Gramm Weizenmehl

120 Gramm zarte Haferflocken

80 Gramm Zucker

1 Teelöffel Backpulver

100 Gramm Butter

180 Gramm Johannisbeeren
(frisch oder tiefgefroren)

Johannisbeeren

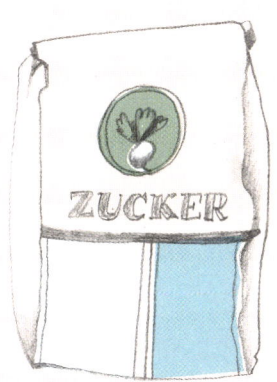

Zucker

Weizenmehl

Haferflocken

Butter

SO GEHT'S:

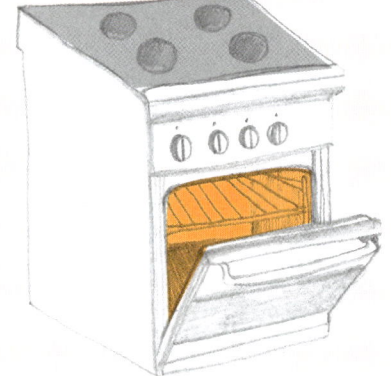

1 Bitte einen Erwachsenen, dir zu helfen, den Ofen auf 200°C vorzuheizen.

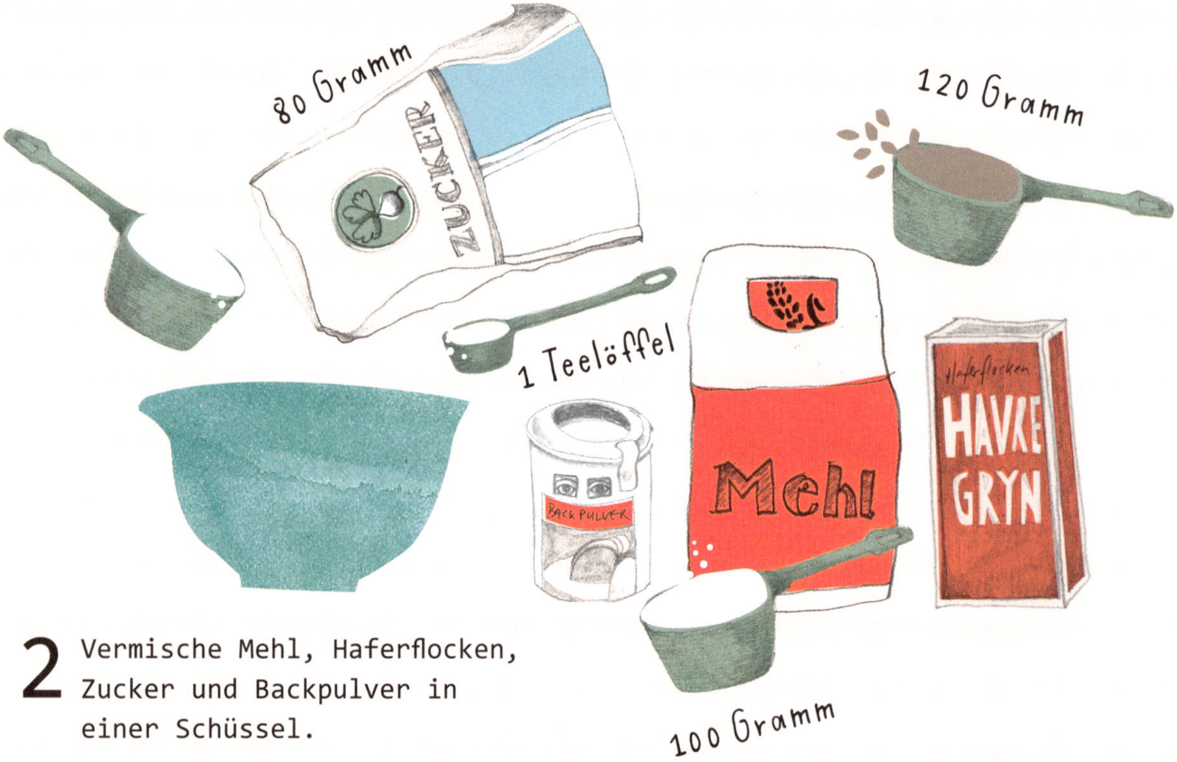

80 Gramm
ZUCKER
120 Gramm
1 Teelöffel
BACK PULVER
Mehl
Haferflocken
HAVRE GRYN
100 Gramm

2 Vermische Mehl, Haferflocken, Zucker und Backpulver in einer Schüssel.

100 Gramm

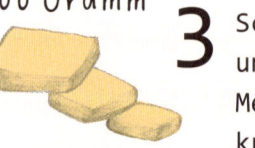

3 Schneide die Butter in Stücke und verknete sie mit der Mehlmischung, bis eine krümelige Masse entsteht.

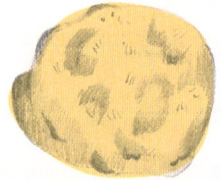

180 Gramm

4 Gib ein wenig Butter auf Haushaltspapier und buttere eine flache Quiche-Form.

5 Gib etwas von dem Teig in die Form. Streu die Beeren darüber und verteile den restlichen Teig darauf.

Hast du schon mal daran gedacht, dass das Wasser, das du trinkst, dasselbe Wasser ist, das die Dinosaurier zu ihrer Zeit getrunken haben und auch dasselbe Wasser, auf dem die Wikinger gesegelt sind?

6 Bitte einen Erwachsenen, dir dabei zu helfen, den Crumble auf der mittleren Schiene in den Ofen zu schieben.

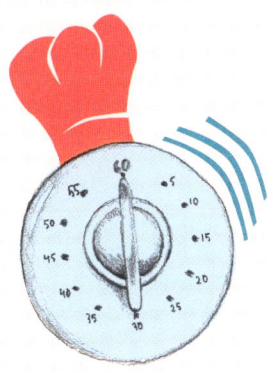

7 Wenn etwa 25 Minuten vergangen sind, kannst du den Crumble wieder herausholen. Lass ihn kurz abkühlen, bevor du dir selbst ein herrliches großes Stück nimmst! Eis, Vanillesoße oder Schlagsahne schmecken dazu besonders gut.

Nachwort für Erwachsene

Das hier ist ein Buch für Kinder. Ein Buch, das Kinder allein benutzen können, ohne dass wir Erwachsenen uns einmischen. Man sieht den Kindern so schnell über die Schulter und erteilt ungebeten Ratschläge. Außerdem sind wir Erwachsenen oft so auf das Ergebnis fixiert, dass wir darüber vergessen, dass manchmal der Weg das Wichtige ist.

Mit klaren Illustrationen und einfachen Rezepten haben wir versucht, ein Backbuch zu machen, das selbstständigen kleinen Bäckern den Weg zeigt. Natürlich gibt es auch einige Vorschläge, bei denen die Kinder unsere Hilfe benötigen. Das geht nicht anders, wenn gemixt und gebacken werden soll!

Die Rezepte in diesem Buch wollen wir gern als Vorschläge verstanden sehen – nicht als Gesetz. Sie lassen Raum für Phantasie und wir hoffen, dass die Kinder ihre ganz eigenen Rezeptvarianten erfinden.

Vielleicht entsteht beim Experimentieren Unordnung in der Küche und vielleicht darf man auch mal einen Kuchen probieren, der eher salzig schmeckt als süß. Werden unterschiedliche Zutaten mit Selbstständigkeit und Kreativität kombiniert, kann es einfach spannend werden. Aber gerade darum geht es, finden wir: etwas zu lernen und neue Geschmäcker auszuprobieren!

Annakarin & Clara